ビリティスの唄
Les Chansons de Bilitis

少女の季節
Les Saisons de la Fillette

青島広志〈歌曲〉集
A Collection of Songs
Composed by Hiroshi Aoshima

私の作品を常に愛してくださる三崎今日子さんに

はじめに

　この〈歌曲〉集を出版に踏み切ったのは、私にとって大決断でした。最初にそのお話を受けてから5年間も躊躇していたのは、複雑な気分のせいです。

　元々私には気弱なところがあるらしく、自分の能力を全く信じていません。まず初めに表現手段としたのが**文**で、幼稚園の頃には既に物語らしきものを書いていました。次が**絵**で、小学生のときには少女漫画家志望でした。そしてこの二つでは賞も頂いたのですが……。

　高校になって始めた**作曲**にはあまり馴染めず、師事した池内友次郎先生からも、ひと声「写譜屋になれるね」と言われただけでした。だからそんな私が、自作の曲を世に問うということ自体、間違っているのだと思い込み、例えばオペラや管弦楽曲が演奏されても、それはただ運がいいだけだと思って来ました。そのために、グレードの高い委嘱があってもお断わりして来ました。

　そしてここに、**詩**と**絵**と**曲**とが合体した楽譜を出すことで、私の**作曲家**としての活動に自ら終止符(ピリオド)を打ってしまいそうなのです。20世紀の終わりに、劇場用作品だけを集めて先生方(川上紀久子、栗山文昭、古橋富士雄、松下　耕)が回顧展を開いてくださったことがありましたが、それを見て私は自分の過去と訣別したい想いにかられました。それ以上の作品を世に問えないと直感したからです。

　それ以降、大規模な作曲を全くしなくなり、残ったのは小品である歌曲だけだったのですが、この長期に亘る作曲期間を持つこの二つの歌曲集以上の作品も、も早生み出せそうにないのです。

　ただ、私は音楽家であることは決して止めないでしょう。それがサービス業の一種で、お客さまが新しい曲を必要とするなら、とても辛い思いをしながら書くでしょう。普通の作曲家ならこんな告白はしないものですが、私は往生際が悪い人間なのです。では私の今のところ最後の作品を、どうぞご覧ください。

青島 広志

目次

ビリティスの唄 ──── ソプラノとピアノのための

ピエール・ルイス　詩
吉原幸子　訳
青島広志　曲

Ⅰ	めざめ	8
Ⅱ	牧神(パン)の笛	14
Ⅲ	失くした手紙	20
Ⅳ	夜	25
Ⅴ	子守唄	32
Ⅵ	船に	37
Ⅶ	変身	43
Ⅷ	炉端の夕	48
Ⅸ	いさかい	53
Ⅹ	香油	57
Ⅺ	最後の恋人	62
Ⅻ	碑銘（第三の）	68

ビリティスの唄　解説 ──── 72
ビリティスの唄　歌詞 ──── 76

【絵画館】ビリティスの唄 ──── 81

少女の季節

青島 広志 詩・曲

1月	元旦の夜	98
2月	バレンタイン	100
3月	三月 蝶々	101
4月	新学期	104
5月	軒端のつばめ	107
6月	黴(かび)	111
7月	夏休み	114
8月	線香花火	118
9月	銀杏(ぎんなん)	122
10月	かぐや姫	125
11月	晩秋の窓辺で	129
12月	クリスマス	133

少女の季節　解説 ——— 137

【絵画館】 少女の季節（歌詞） ——— 141

ビリティスの唄
Les Chansons de Bilitis

ビリティスの唄
ソプラノとピアノのための
I めざめ

ピエール・ルイス 詩
吉原幸子 訳
青島広志 曲

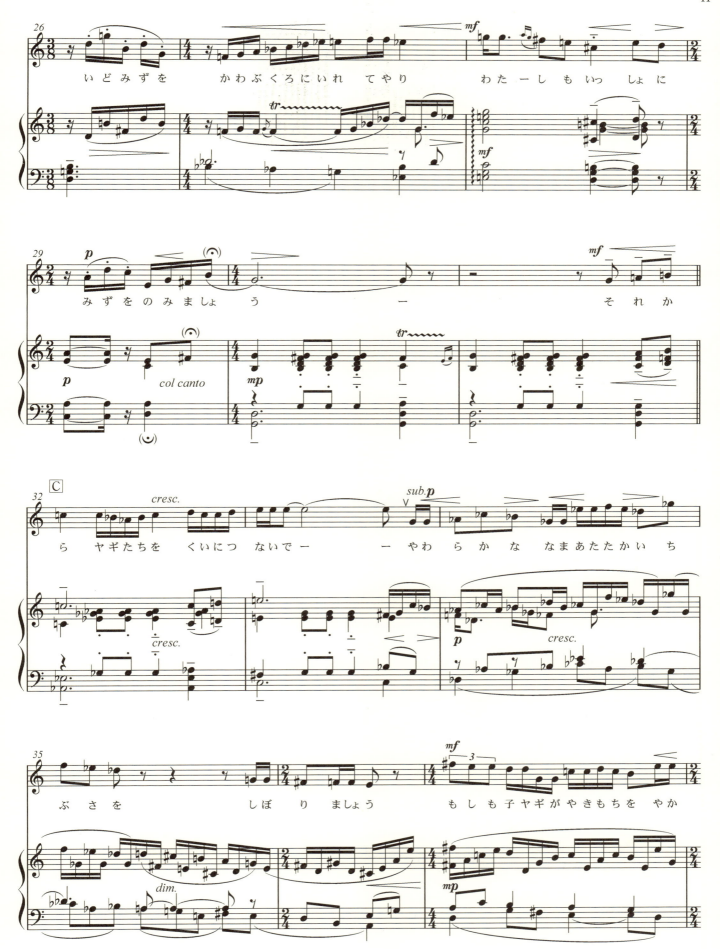

III 失くした手紙

ピエール・ルイス 詩
吉原幸子 訳
青島広志 曲

Ⅳ 夜

ピエール・ルイス 詩
吉原幸子 訳
青島広志 曲

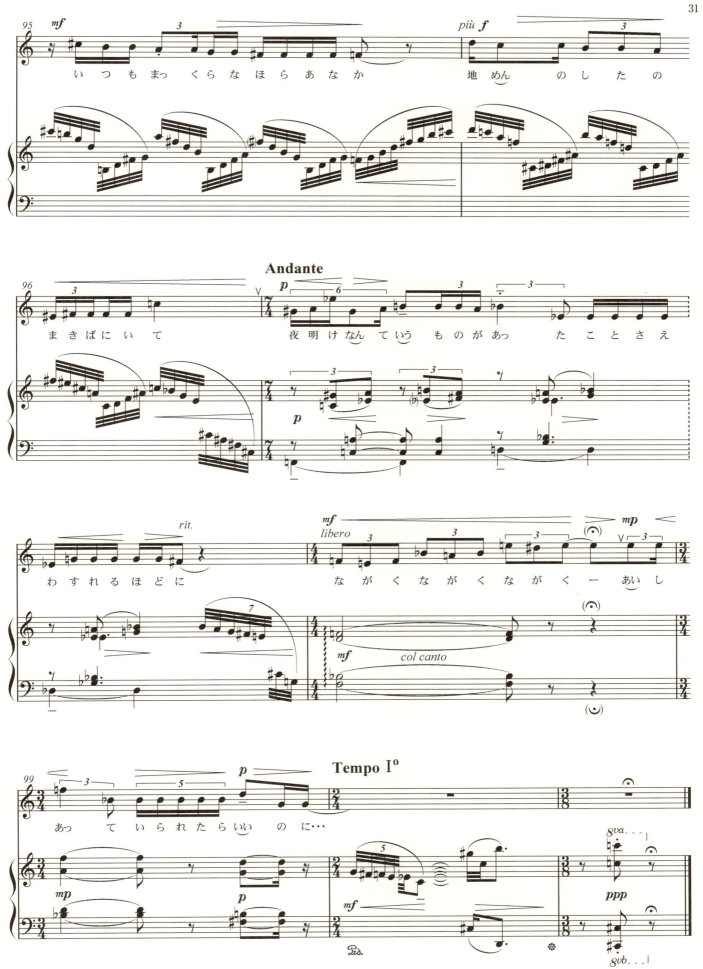

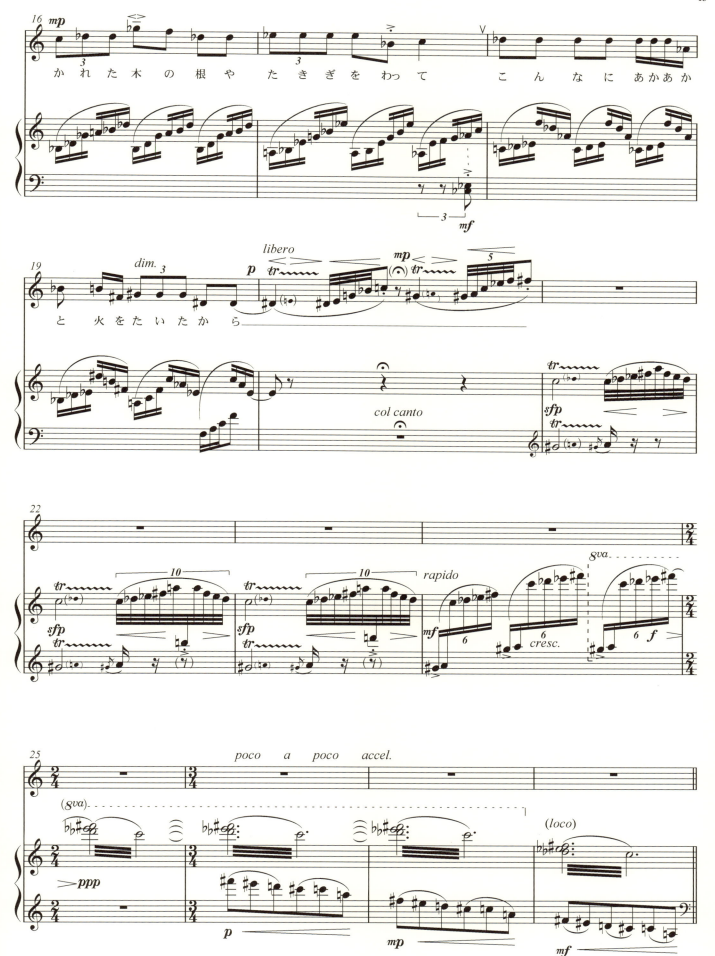

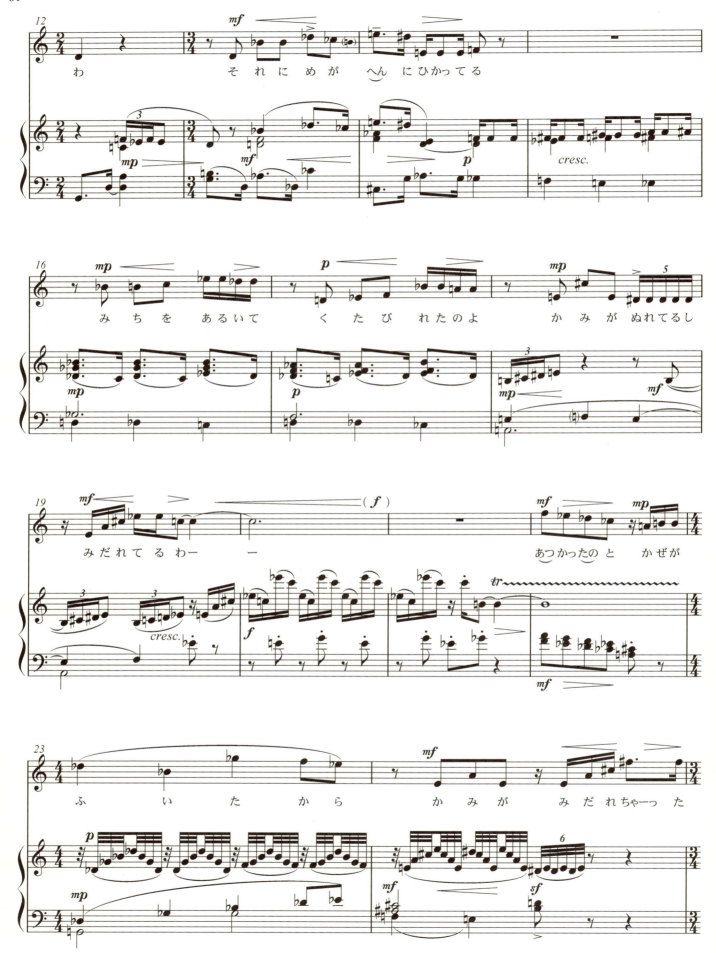

XI 最後の恋人

ピエール・ルイス 詩
吉原幸子 訳
青島広志 曲

ビリティスの唄
──── ソプラノとピアノのための

　小学生のころ、私は下半身の手術を受けた。それは2回目で、その成功によって正常に歩けるようになったのだが、入院中に見舞いとして小学館から出ていた少年少女向きのギリシア神話の本を貰い、読み耽った。美しくも逞しい神々の物語に私は魅き込まれ、いつかその世界を具現しようと幼い野心めいたものを抱いた。

　それはまず漫画として結実する。12歳になるかならないかで描いた鉛筆描きのそれは、今読んでもその早熟さに驚かされる。月の女神と太陽神の間に5つの太陽が生まれ、人々を熱さで苦しめたので、女神を愛する人間がそれを射る──という話で、小学校卒業時にはその一齣が、大きなモザイク画となって学校の壁面を飾った。中学では一方的に恋心を抱いていた少女と同人誌を作り、そこにカラーの絵物語「ヘロとレアンドロス」を載せた。シューマンの「夜に」にも描かれる、巫女と若者の悲恋物語である。そして高校では校内新聞に創作「月見草・蛾」が載った。どちらも処女神アルテミスに纏わる物語で、彼女を恋した少女は月見草になり、彼女に背いて男性と関係を持った少女は蛾に変身させられる。これは国語の宿題として提出したものを、教師が面白がって新聞部に回したのだった。

　そして大学時代は、師の林 光の勧めによりオペラ界に身を投じたところ、モンテヴェルディからR.シュトラウスに至るまで、それこそギリシア神話のオン・パレードなのだった。

　作曲の方面では、1984年にその機会が訪れた。音楽の友ホール開館事業の一環として、当時親交のあった中村邦子先生が、日本歌曲の流れを追う独唱会の折りに、最も新しい作品として私に委嘱してくださった。そのとき躊わずにピエール・ルイスの詩を選んだのは、日本歌曲の四畳半的な貧乏臭さから脱げ出すためだった。幾つかある訳詩の中で吉原幸子訳に決めたのは、女性の生涯を詠ったものだからである。

　委嘱者は残念なことに4曲までを初演したところで世を惚然と去ってしまったが、その後、佐地多美先生の依頼によって全曲が完成した。第1曲から見れば25年の開きがあるが、神話と女性に対する憧憬は、少年時代と何ら変わりはしないのだ。

I めざめ

　IからIVまで、即ち最も早く作曲された部分は、主人公ビリティスの少女時代を形成する。

　前奏の音型は朝の光であり、ニ長調が主調であるのも朝の気分をもたらすためである。歌の冒頭2小節は、緊張～弛緩を表現すること、そのために伴奏パートは拍が伸び縮みすることになろう。

　中間部 B C は活動的な一日の予兆。嬰ヘ長調から始まり、終わるのはそれが今のところ現実ではないことを示すが、ト長調に傾くのは主人公の「若さ」を示している。山羊の乳房が変ト長調をとっているのはその柔らかさの故である。──このように言葉に応じた調性を当てはめているので、その和音から喚起される音色を、歌い手もピアニストも工夫する必要があるだろう。

　レチタティーヴォは、勝ち誇った気分で歌われるが、再現部 D に入ったとたん、彼女の気分は萎えてしまう（歌い終わり「行かなくては」の嬰ハ＝C♯音の伸ばしで色を変えること）。そして曲の歌い収めは、悪戯っぽく、声の演技が望まれる。

　全曲を通して心地良いルバートが行われるように。

II 牧神の笛

　前奏は言わずと知れた笛の音である。ビリティスは初心者であるから、まだ流暢には吹けない。A からの（「カルミナ・ブラーナ」に接近する）は、打ち解けた愛の交換で、アレグレットからビリティスは、彼（リカス）の膝の上で体を揺らすのである。──と言うように、この章は情景描写が多く用いられ、C からはまったりとした夜の大気、D には、敢えて規定したくはないが、蛙の声とも取れる音型がピアノパートに聞かれるだろう。

　C からの速度をあまり速くすると、後の歌唱に問題が生じるので、もしも速く始めた場合は、歌に入ってから調整するのも良い。

　D の1小節目の呟きは、少しだけ大人になった表情が欲しい。しかしその後は、また「少女」ビリティスに戻る。

　後年の作品である「少女の季節」2月の詩に、はるかな反映が感じられるではないか。

Ⅲ 失くした手紙

一種のコミック・ソングとしての扱いなので、中村先生にこの楽譜を渡したとき(池袋駅の改札口だった)、「一寸あてがはずれた」と言われたのを懐かしく思い出す。

この歌曲集は殆どが、かなりの早口言葉(はやくち)を要求されるが、この章は特にそれが激しい。作曲者の特徴でもあるが、詩の情報が多いため、聞き手を飽きさせないための処理である。稽古に当たっては、必ずリズム読みをピアノに合わせること。Cからは媚(こ)びのニュアンスも含まれるので、かなり速度を落としても良いと思う。「ああゼウスさま、お守りください」は、最高に大袈裟(おおげさ)に、ムンクの「叫び」のような形相になって、お客の笑いを買えればしめたもの!

ピアノは複調(ビトナール)(右手と左手が異なる調)が用いられている。鍵盤楽器向きの手法であること、20世紀フランスの、特に「六人組」が多用したこと、そして何よりも混乱状態を表わすのに打ってつけだったため。

Ⅳ 夜

少女時代はこの章で閉じられる。つまり恋人の青年との初体験だが、作曲するのに躊躇(ためら)いがなかった訳ではない。ただこの時期、下働きを仰せつかっていた團 伊玖磨先生のオペラ「スサノオ」に、ご本人の筆跡でト書きとして"Sex"と記してあったのに、勇気付けられたのである。

三部形式の第一部分は、作曲者の解釈による夜想曲(ノクターン)で、かなり新しい響きだが、作曲当時はこれでも古臭かったのである。この部の声楽パートは、にじり寄るように歌うこと。

中間部はバルトークの書法で、ピアノは打楽器的に扱われる。演奏が難しいが、拍子は一定であるし、言葉のイントネーション通りに旋律化されているから、二人の奏者が確実に発音すれば、結果的に合う筈である。お互いに聞きすぎないことが、成功の秘訣。この部分の終わりは、ⅡのBの音型と関係があり、ビリティスは再び相手の体の上で揺れているのである。

そして朝が来る。Ⅰが回帰することによって、ここで第1部のピリオドが打たれる。作曲を続ける意志はあったが、このときはそれがいつの日になるのかは、全くもって不明であった。

Ⅴ 子守唄

ここから2曲は、若くして母となったビリティスの物語である。

作曲者は可能な限り、子守唄はヘ長調(および8分の6拍子)で書くことにしている。ヘ(Fa)音は母性的な音であり、古今東西の子守唄は、この調で歌われていることが多いからである。転調の際も、柔らかな♭系の調へと傾くのが常である。

BとDは夢物語なので、嬰ヘ長調・ニ長調にして主要部との対比を狙(ねら)っている。特にDは慣用句とも言える音型で、「少女の季節」12月にも、「本家マザーグースの歌」の「しあわせなねむりが」(谷川俊太郎 訳詞)にも聞かれることになる。

前章がかなり鋭角的な曲想であったため、意図的に演奏し易さを考えた。歌うのが難しい子守唄など考えられないから。

モルデントは素早く、装飾音符はそれより実体を持たせて歌っていただきたい。

尚、23小節目の終わりにあるフェルマータは、赤ん坊の父親が、すでにここには居ないことを示している。

Ⅵ 船に

この歌曲集は、2曲ずつまとめて初演され続けたので、1曲だけ取り出すよりは、並んだ2曲を続けて演奏するのが望ましい。ⅥはⅤとの対比が考えられている。即ち女性的なⅤと、男性的なⅥである。主人公はその二つの面を持ち合せている女性なのだ。

冒頭は船の舳先(へさき)に立って潮風を受けている(サモトラケ(ニケ)の勝利の女神のような)ビリティス。しかしBでは流石(さすが)に少し感傷的になる。CとDは同じ音楽だが、作曲に当たって繰り返したために、歌唱部に省略などの変化が生じている。Eの67小節からは、特に言葉を丁寧に歌うように。

ピアノパートは、プレストの指示のあるブリッジと、73小節にある2声のカノンを対称的に弾いていただきたい。

Ⅶ 変身

　ビリティスが降り立ったのは、女性が女性を愛するというレズボス島だったのだ。ⅦからⅨまでの3曲は、ムナジディカという少女に愛を移す主人公である。

　女性同性愛(レズビアニズム)は男性同士のそれよりも美的であろうし、憧れはするのだが、具体的にどのようなものなのかは判明しないまま、今日を迎えている。周囲にそれらしき音楽家は居るのだが、尋ねる訳にはいかないだろう。そしてこの章では、新しい相手の名前はDに至って初めて出現するのだから（ムナジディカの名は、半音ずつ上昇する4つの音で歌われる。これはワーグナーが提唱した支配動機(ライトモティーフ)である）。

　AとDは現在の満足を示すために、滑らかな音調(おんちょう)の変ロ長調で、室内楽的に作曲されている。BとCは過去の回想で、Cの音型はお解りだろう（その意味で、この章を単独で歌うことは、やや困難かもしれない）。少女時代の章の前奏が長かったので、この辺りは最小限度に切り詰めている。

Ⅷ 炉端の夕

　冬である。前奏の厳(いか)しい完全五度の響きは、張りつめた氷の冷たさを表現する。9小節目の休符は、抜き足差し足の動作である。20小節のメリスマ（同一の母音で多くの音を歌う）は、燃え上がる炎＝恋心を示す。ピアノパートはそれを受けて、両手の交差を伴う名人芸を披露する。

　BとCは体と心が温まり、やがて燃え上がる様を表現する。始めこそやや呪術的だが、Cからは、暖炉から喚起されたロシア民謡風の音楽になり、真のクライマックスはやはりピアノが受け持つ。

　再現部であるDは、しかし冒頭ほど厳格ではない。それは行為の後だからである。しかし現実に何をしているのかは、決して男性には解らない謎だ。

　終わりの2小節は、これまた何だか覚えていますか？

Ⅸ いさかい

　しかしこの地でも、ビリティスの恋はそう長くは続かない。相手の少女は、男性を愛してしまったのである！

　ビリティスとムナジディカの対話を一人の歌い手が行うことは、極めて難しい。シューベルト「魔王」に4役の例があるが、あちらは男声なので、裏声(ファルセット)などの声色(こわいろ)も使うことが出来るが、女声の場合は表現が限られるだろう。ひとつここは、歌い振りと表現の変化で挑んでいただきたい。必死のビリティスと、それを軽くいなすムナジディカの対比は、曲想も全く変えているので、思ったほど難しくないかも知れない。特に後者のパートは、歌っていて楽しい筈である。情況は違うが、古典オペラでの女主人役(プリマ・ドンナ)と待女役(スーヴレット)と捉えると理解し易いだろう。

　39小節のビリティスのパートの変ニ(レ♭)音は諦めを意味するというように、一つ一つの音には深い意味がある。モーツァルトはそれを極めて短時間で書けた大天才なのだった。

Ⅹ 香油

　ここから終曲までが、女性を愛することを諦め、今度は島の娼婦(遊(あそ)び女(め))たちの総元締(そうもとじ)め、世に言う女衒(ぜげん)になったビリティスの、その後となる。

　華々しいファンファーレから始まる、勝利の行進曲である。聞いたこともないような地名や名前が出て来るが、どうせ誰にも解らないから、プログラムに歌詞を載せることにしよう。26小節からの自由唱は、得意の絶頂にある驕慢(きょうまん)さによる跳躍進行が用いられている。これはビリティスにとって、最後の花道なのだ。ト長調を用いたのも、本人が自分を若いと信じているからだ。

　作曲者は、膨大な数の原詩から12の章を選び出し、自分なりの「女の愛と生涯」を描こうとしたが、その選択が最も難しかったことを白状しておく。全曲を歌う際には、是非ここまでエネルギーを残しておいてほしい。

Ⅺ 最後の恋人

　ついにビリティスは、素顔を見られぬようにして、若い男の客を取り始める。ただし歌には、全て枯れ果ててしまわずに、熟女としての色香を残すこと。若い歌い手さんには苛酷な注文かもしれない。

　もしかすると、この歌曲集を全曲演奏するには、4人の年齢が異なったソプラノが必要なのだろうか、とも思う。

　CとDは、またもや同じ繰り返しだが、これは彼女の執着心に拠る延長である。「プサップファ」というの

は、レズボス島に住んだという女性詩人サフォーのこと。彼女もまた少女を愛した挙句、相手に裏切られ続けたが、老境にさしかかった折りに、突然美青年を愛し、船で逃げ出した彼を追って、岬から身を投げるのである。

終わりに、ここで初めて名が明かされる初恋の相手、羊飼いのリカスと、ムナジディカの支配動機が聞かれる。

XII 碑銘（第三の）

ついに後奏曲(ポストリュード)に辿り着いた。突然死後の世界の詩が出て来るので、驚かれる向きもあろう。永遠の安息を意味する「白い調号」のハ長調から始まって、Ⅰの朝の音型が出現するも、そこから遠く離れた変ニ長調で終わる。

前奏部及び A D は讃美歌として捉えてもいいだろう。決してフォルテには到達しないが、19小節からの6小節間は、それでも充実した声が欲しい。「香油」の単語にはXの音型が一瞬ではあるが対応する。

最後の変ニ（レ♭）音は、可能な限り伸ばし、聞き手の心に変ニ長調の主和音が想像されることが望ましい。

この歌曲集を書き上げて、作曲家としての生命は、ほぼ終えて(つい)しまったように感じる。

【ビリティスの唄 初演】
Ⅰ めざめ／Ⅱ 牧神の笛
　中村邦子（ソプラノ）　塚田佳男（ピアノ）
　1984年5月21日・音楽の友ホール（東京）
Ⅲ 失くした手紙／Ⅳ 夜
　中村邦子（ソプラノ）　塚田佳男（ピアノ）
　1987年11月24日・こまばエミナース（東京）
Ⅴ 子守唄／Ⅵ 船に
　佐地多美（ソプラノ）　青島広志（ピアノ）
　2001年11月10日・電気文化会館（名古屋）
Ⅶ 変身／Ⅷ 炉端の夕
　佐地多美（ソプラノ）　青島広志（ピアノ）
　2003年11月18日・電気文化会館（名古屋）
Ⅸ いさかい／Ⅹ 香油
　佐地多美（ソプラノ）　青島広志（ピアノ）
　2004年11月16日・電気文化会館（名古屋）
Ⅺ 最後の恋人／Ⅻ 碑銘（第三の）
　佐地多美（ソプラノ）　青島広志（ピアノ）
　2005年11月15日・電気文化会館（名古屋）

ビリティスの唄

訳詞：吉原幸子

出典：『ピエール・ルイス ビリティスの恋唄』(PARCO出版)
■作曲にあたり、詩を改変・省略・反復した部分がある

I めざめ

すっかり夜が明けきったわ　もう起きなければ
それでも　快い朝の眠り
寝台(ベッド)のぬくもりに身をちぢこめて
まだまだ　このまま寝ていたい

もうすぐ起き出して　山羊小屋へ行きましょう
山羊たちに　草や花々を食べさせてやり
汲みたての冷たい井戸水を革袋に入れてやり
わたしもいっしょに水を飲みましょう

それから　山羊たちを杭につないで
柔らかな　なまあたたかい乳房をしぼりましょう
もしも　仔山羊が嫉妬(やきもち)をやかないならば
わたしもあの子たちといっしょに
しなやかな乳首を吸いましょう

ゼウス様だって　アマルティア*の乳を飲まれたはずよ
さあ　行かなくては——でももうちょっとだけ
お日さまはあんまりせっかちすぎる
それに母さんもまだ起きてはこないし……

＊クレタ島で赤児のゼウスに乳を与えた山羊

II 牧神(パン)の笛

ヒアキントス*のお祭りのために
あの人が贈ってくれた七管笛(シリンクス)
上手に削った葦の茎(あし)を白蝋で錬りかためてあって
唇に当てると　蜜のように甘い

あの人は　わたしを膝にのせて
吹きかたを教えてくれるのだけど
わたしは　すこし震えています
わたしのあとであの人が吹く音は
やっと聞きとれるほど微かで　やさしいの

こうやって　ただ寄り添っていれば
話すことなんて　何も要らない
けれど　ふたりの歌だけは　互いに応え合おうとして
葦笛の上で　ふたりの口は　かわりばんこに重なります

もう晩(おそ)いのね　夜といっしょに
ほら　青蛙の歌が始まりました
失くした帯(ベルト)を探すのに　こんなに長くかかったなんて
母さんはきっと信じてくれないでしょう

＊アポロンに愛された美少年

III 失くした手紙

困ったわ！　あの人の手紙を失くしたの
肌と下着の間にはさんで
乳房の熱であたためていたのに
さっき駆け出したとき　落としたらしいわ

今きた道を戻ってみましょう
もしもだれかが拾ったら　母さんに言うかもしれないわ
そしたらきっと　嘲り顔の姉さんたちの前で
たっぷりお仕置きされるでしょう

あれを拾ったのが男の人なら
きっと返してくれるわね　それに万一
内緒のお話があります　なんて言われても
ちゃんと取り戻す手だても知っているし

もし読んだのが女の人なら
ああゼウス様　お護りください！
だってその女が世間じゅうに言い触らすか
でなければ　恋人(ひと)を横取りされかねませんもの

IV 夜

今となっては　あの人を求めているのはこのわたし
夜ごと　こっそりと家を脱け出し
長い道のりを辿ってあの人の牧場に行っては
眠っているあの人をじっと眺めるのです

時には　そのまま長いこと立ちつくしています
ただあの人を見ているだけで　幸福に浸り
唇をそっと近づけて
香しい寝息に　くちづけます

それから急に　あの人の上に身を投げます
あの人はわたしの腕の中で目を覚まし
わたしが押さえつけるので　起き上がることもできず
とうとう諦めて　笑い出して　抱きしめて
そんなふうに　夜の夜中にふざけ合うのです

……空が白んできたわ
ああ　意地悪な曙　もう来たの？
いつもまっ暗な洞穴か　地面の下の牧場にいて
夜明けなんていうものがあったことさえ忘れるほどに
長く長く愛し合っていられたらいいのに……

V 子守唄

お眠り　いい子　いとしい娘
おもちゃは　サルデで買ってきた
おべべは　バビロンで買ってきた
お眠り　いい子　母さんはビリティス
父さんは　暁の王様よ

森は　おまえのお城です
おまえのために　だれかが建てて
母さんがそれを　おまえにあげる
松の木の幹は　円柱
高い梢は　円天井

お眠り　いい子　いとしい娘
おまえのおめめを　醒まさぬように
お日さまは　海に売りましょう
おまえの寝息は　すやすやと
鳩の羽の風より　なお軽い

いとしい娘　母さんの肉体
こんどおめめをひらいたら
野原に街に山に月
神様の白い行列でも
欲しけりゃ　なんでもあげようね

VI 船に

イオニアの岸辺に沿って
わたしをこの地にはこんでくれた　美しい船よ
この先は　輝く波におまえをゆだねて
わたしは足どりも軽く　渚に降り立ちます

おまえは帰ってゆくのね
処女が妖精たちを友とする　あの国へ
あの目に見えぬ友だちに　忘れずにお礼をつたえて
わたしの手折ったこの小枝を　供えておくれ

昔　おまえは松の木だった
山の上で　はるかな熱い南風が
おまえの枝の針や　お前に住みついた
栗鼠や小鳥たちを　ざわめかしたはず

さあ　今は北風がおまえを導いて
静かに港まで押しやってくれますように
やさしい海の心のままに――
おまえ　海豚たちをお供に従えた　黒い船よ

Ⅶ 変身

かつてわたしは　若者たちの美しさに焦がれて
かれらとの語らいを想い起こしては
眠れぬ夜々を　過ごしたものだった

想い出す　鈴掛(プラタナス)の樹肌に
ある人の名前を刻みこんだこと
想い出す　ある人の通る小径に
寛衣(チュニック)の切れ端を目印に置いたりしたこと

想い出す　激しかった恋を……
ああ　パニキス　わたしの幼な子
だれにおまえを引き渡してしまったのだろう？
ああ　可哀そうな娘　どうしてお前を捨てたのだろう？

今はただムナジディカこそ
ひたすらに　永久に　わたしを捉える
あの女(ひと)ゆえに捨ててきた者たちの幸福(しあわせ)を
せめてあの女(ひと)が　犠牲(いけにえ)として受けてくれますように――

Ⅷ 炉端の夕

冬の寒さが厳しいわ　ムナジディカ
寝台(ベッド)からひと足出れば　凍りつくようよ
でも起きて　わたしといっしょに来て
枯れた木の根や　薪を割って
こんなに赤々と火を焚いたから

裸のまま　髪も背中に垂らしたままで
かがみこんで火にあたりましょう
ひとつ鉢から牛乳(ミルク)を飲んで
蜂蜜のお菓子を食べましょう

炎って　賑やかで楽しそうだこと！
近すぎないの？　肌が赤らんだわ
火が燃えあがらせたその肌に
ところかまわず　接吻(くちづけ)させてね

真赤な燃えがらの中で　鏝(こて)を焼いて
ここで　あなたの髪を結いましょう
火の消えたあとの消し炭では
あなたの名を　壁に書きましょう

Ⅸ いさかい

〈どこへ行ってたの？〉
――花屋さんよ　とてもきれいな花菖蒲(アイリス)を買ったの
はい　これよ　あなたへのおみやげ
〈たった四本の花菖蒲を買うのに
こんなに長いことかかったの？〉
――引きとめられたのよ　花屋のおばさんに

〈顔色がわるいわ　それに眼がへんに光ってる〉
――道を歩いてくたびれたのよ
〈髪が濡れてるし　乱れてるわ〉
――暑かったのと　風が吹いたから
髪がすっかり崩れちゃったの

〈だれかが帯(ベルト)をほどいたのね
結んであげた結び目は　これよりずっと緩かったわ〉
――あんまり緩くて　解けちゃったのよ
通りがかりの奴隷が結び直してくれたの

〈上衣(ローブ)に染みがついてるわ〉
――花から水がたれたのよ
〈ムナジディカ　可愛い女(ひと)　このミティレーネの島じゅうで
いちばんきれいだわ　あなたの花菖蒲(アイリス)〉
――わかってるわ　わかってるわよ！

X 香油

肌にくまなく香油を縫って
恋人たちの心を惹こう
銀の水盤の中で　わたしのきれいな両脚に
タルソスの甘松香(かんしょうこう)とエジプトの薬油(メトーピオン)を
注ぎかけよう

腋の下には　葉の縮れた薄荷(はっか)
睫(まつげ)と眼の上には　コオスの茉沃利那(マヨラナ)*
奴隷よ　わたしの髪をときほぐして
香の煙を　炷(た)きこめておくれ

これはキプルの山の香油(オイナンテ)
乳房の谷間に流れさせよう
ファゼリスからきた薔薇の香水で
項(うなじ)と頬とを薫らせよう

そしていよいよ　腰の上には
誰もが降参するバカリス香油を注いでおくれ
遊び女(め)にとっては　ペロポネーズの習わしを知るより
リディアの香油を知るほうが　ずっと大切なのだから

* 薬用及び料理用のしそ科の植物

XI 最後の恋人

坊や　私を愛さぬうちに行ってしまわないで
夜目になら　わたしは今でも美しいはず
あんたに見せてあげるわ
若い女の春よりも　この秋がどんなに熱くもえさかるかを

処女(おとめ)の愛など　欲しがるんじゃないわ
恋は微妙な手管なのよ
若い娘たちにはまだまだ無理
わたしが一生かけて習い覚えたその手管も
最後の恋人に捧げつくすためだったの

最後の恋人　それは間違いなくあんただわ
これがわたしの唇(くち)　この唇ゆえに
数えきれない男たちが情欲に蒼ざめたもの
これが髪　この髪こそは
あの大詩人プサップファ*に詩(うた)われた髪

あんたの気に入るためになら
失われた青春の名残をすべて　かき集めよう
想い出さえも　焚いてしまおう
あんたにリカスの笛をあげるわ
ムナジディカの腰帯(ベルト)もあげるわ……

* 女詩人サッフォーの呼び名

XII 碑銘（第三の）

月桂樹の黒い葉蔭に
愛欲の薔薇の花蔭に
わたしは横たわっている
多くの詩(うた)を編み上げては
接吻(くちづけ)を花開かせたわたし

妖精(ニンフ)たちの国に人となり
愛した女たちの島に生き
美の女神の島(キプリス)に　命を閉じた
それ故　わが名は隠れもなく
碑(いしぶみ)には　香油が塗り込められる

ここに立ち停まる人よ　あなたよ
わたしのために泣いてくださるな
葬いは華やかだった
泣き女たちは先を争って涙を流し
手鏡や頸飾りも　ともに埋められた

そして今　翁草(アスフォデル)の花咲く蒼白い野辺に
眼に見えぬ亡霊(かげ)となって　わたしはさまよう
地上の生(いのち)の想い出をこそ
わが地下の生(いのち)の歓びとして

I めざめ

II 牧神の笛

Ⅲ 失くした手紙

VI 船に

IX いさかい

X 香油

XI 最後の恋人

XII 碑銘（第三の）

少女の季節
Les Saisons de la Fillette

少女の季節
1月 元旦の夜

青島広志 詩・曲

2月 バレンタイン

青島広志 詩・曲

3月 三月 蝶々

4月 新学期

青島広志 詩・曲

7月 夏休み

青島広志 詩・曲

みんな は うみ に いって しまった　いまごろ は なみ と

たわむれている　ー　それとも スイカ を　わっている　ー

9月 銀杏

青島広志 詩・曲

10月 かぐや姫

青島広志 詩・曲

11月　晩秋の窓辺で

青島広志　詩・曲

12月 クリスマス

青島広志 詩・曲

少女の季節

　現在に至るまで、私の最も新しい歌曲集です。21世紀に入って、演奏・講演・執筆などの仕事が増え、徒に時間ばかりを費す作曲が、後手に回ってしまいました。しかし過去の作品を採り上げたり、覚えていてくださる方も多く、二期会日本歌曲研究会からの委嘱を受けて、まず4曲が初演されています。初演日の数日前に、長く介護が必要だった母が逝去し、「お祖母さまは亡くなった」という詩を紹介するのは、かなり勇気が要りました。ただ残念なことに、母と暮らした50年を超える年月よりも、その母である祖母との19年のほうがずっと長く、光溢れる日々に思えるのです。まるで作家の森 茉莉さんが、父親の鴎外のことを語るのと同じように、私もこの曲で祖母との「甘い蜜の日々」を語りたかったのです。

　ここに繰り広げられるのは、昭和30年代、第一回東京オリンピック以前の市井の日常です。山ノ手(当時は山手)線の北に駒込という駅があり、私は生後2週目でそこに越して来、今も住んでいます。武蔵野台地のはずれである本郷台地の東端で、坂と階段が多く、緑と動物と老人の多い町、坂を登ると山ノ手の、整然とした区画の町並で、降りて行くと下町で、神明町という遊郭地帯がありました。前者にはピアノ、コリー、フランス人形、後者には三味線、三毛猫、藤娘が付き物だったのです。

　未だに和菓子屋と呉服屋の多い町で、二つの大きな商店街(田端銀座、霜降銀座)に夕食の材料を買いに行くのが、当時の主婦たちの務めのひとつでした。そして空地には年に2回、旅廻りの一座が、山開きには富士神社に見世物がかかったのです。作者が昭和30年生まれにしては古い習慣を残しているのも、この町で育ったお陰でしょう。

　曲よりも、むしろ詩を作ることに重点を置いて書きました。幼稚園の卒業時に、将来「女の人になりたい」と書いて、「ピアノの先生」と訂正させられた恨みが、ここに結実しています。本当なら、作曲を新実徳英先生か、木下牧子先生にお願いしたかったのですが、昔取った杵柄でもありますし、今回は自分で曲も書いてみました。

　声種は問いませんが、男性が採り上げる場合は、内在する女性性を露呈しなければならないでしょう。

1月　元旦の夜

　お正月や七五三の折りに、女の子が美しい着物を着ているのを見て、単純に憧れていたものでした。その気持ちは今でも残っていて、金沢に行く度に、お客さんの中に和服の女を探すようになっています。あれ程豪華な民族衣裳が、他にあるでしょうか?!

　旋律は、歌ってみればお解りのように、「うれしいひなまつり」と同じ音型から始まります。あの曲も少女にとっての憧れでした。意図的に、下降して更に三度飛躍する導音(D#)が現われます。そしてどの節も──コーダに至るまで、完全終止しません。これは、少女が成長の過程にあることを示します。

　詩では、「ぬぎました」「ときました」などの「し」は無声音が良いと思いますが、速度によっては有声音として扱うことも止むを得ません。いずれにしても上品に歌ってください。伴奏は和琴のつもりで。

　祖母は晩年、姉様人形作りに精を出していました。

2月　バレンタイン

　小学4年生のとき、初めて「バレンタイン・デー」というものが『少女フレンド』(講談社)誌上で紹介され、級の女子たちが色めき立っていたことを思い出します。しかし昭和の時代には、少なくとも周囲では、それ程行われていなかったような気がします。

　前奏は、珍しく都会に雪が降った早朝の清浄感・満足感を表わします。その年に雪が積もるのは特別なことで、少女はそれに啓示を感じ、小さな冒険に出るのです。5小節目の *p* は、その冒険が秘めごとだという意味を示します。低い音で無理に体を鳴らして歌う必要はないでしょう。

　伴奏は四声書法を守っています。いずれ弦楽四重奏に編曲したいと思いますが、昔の小学校らしく、足踏みオルガンが一番似合っているのかもしれませんね。

　少女の淡い恋心は、ただ相手と唇を合わせるだけで、その空想だけで満足するものです。

3月　三月蝶々

美しい羽根を持つ、いや羽根だけで出来ているようなあの昆虫を、「チョウチョ」と言うべきか、はたまた「チョウチョウ」なのか、まだ知らないで居るのですが、ここはプッチーニの歌劇に準じて、後者を採りましょう。

初めてその舞台を見たとき、主人公の蝶々さんが、夫であるピンカートンに裏切られて自刃してしまうことに衝撃を受け、なぜその運命に立ち向かわないのか、或いは他に相手を探さないのかと不思議でした。その思いはパスティッチョ「蝶々さん海を渡る」の台本に結実しますが、歌曲としても残しておきたいと思ったのです。

最初の2小節は、以前から温めていた動機で、本来は室内楽向きでしょう。9小節目からは、大好きな「風」（クリスティーナ・ロセッティ・詩）の雰囲気が聞かれます。2番の「いのちを断つ」の後に来る休符は、一瞬息をつめても効果的だと思います。

4月　新学期

東京の多摩市に「若葉総合高校」があり、初代校長を務めた白仁田哲也先生から依頼を受けて、校歌を作詩・作曲しました。

一般にこのような仕事は、曲に対しては何の問題も起きないものの、詩に対しては様々な希望を告げられるものです。「多摩の丘の上で3年の歳月が流れ」と書いたら「3年で卒業しない人に悪い」と言われ「数年」に替えられてしまったり、勝手に「自分探しの旅に出る」なんて句（フレーズ）を入れられたり、作者としては残念でした。

しかし「私たちの好きな校歌」としてラジオや、ＴＶ朝日「題名のない音楽会」で歌われたりする程、愛されていることを知り、詩を新たに作って、4月の歌にしてみました。幼い頃読んでいた、吉屋信子や中原淳一のムードが感じられるでしょう。そこはかとなく、女性同性愛的（レズビアニズム）な感情も含まれていますが、これまた少年の目からは憧れでした。

元々、ガヴォットのリズムで書いたので、器楽的に、カラッと歌ってください。4・8・20小節に出る音型には、それぞれ違う和音が付いています（後奏もそれを踏襲しています）。

5月　軒端のつばめ

黒柳徹子さんの喋り方にインスピレーションを受けて書きました。このかたがデビューした頃に生まれたもので、幼い頃からその話術には親しんでいましたが、決定的だったのは、テレビ出演の端緒になったのが、なんとご本人との出逢いだ、ということです。

オペラの舞台でピアノを弾きながら演技しているのを、ＮＨＫのプロデューサーがご覧になって、「徹子と気まぐれコンチェルト」という番組に出ないか、と誘ってくださったのです！　それが実現してから気付いたのは、黒柳さんの喋り方は場を明るくするためのサービスなのだ、ということでした。演奏もまたサービスで、決してお客さまを飽きさせてはならないのです。

リズム通りに朗読してみて、他人に伝えられる最高速度を選びましょう。13〜14小節にかけてのオクターヴ跳躍も正確に歌えるように。言葉の頭が必ずしも拍頭に当たってはいないので、立てる意識が必要です。3番に当たる「だってどうして……」、4番に当たる「もしかして今」の速度（テンポ）設定も成功を握る鍵となります。

間奏は一種のトッカータで、4月「新学期」同様、ピアニストの腕の見せ処となるでしょう。

近所の獣医さんの軒下に、毎年ツバメが来て子供を育てています。話かけていたら先生に見られてしまいました……。

6月　黴（かび）

黴、茸（きのこ）、蛞蝓（なめくじ）といった生物は、どうも人間の心の暗部に訴えかける力を持っているようです。小さい頃から、それらに不思議な愛着を持って来ました。あるとき突然そこに現われますし、見てはいけないものを見ている、といった背徳感があったのです。

やや意味深長なレチタティーヴォから始まります。オペラのように誇張して歌ってください。アレグレットに入ってからは、一種のコミック・ソングとして、ＣＭの心算（つもり）で、メノ・モッソは落胆して。

アンダンテからが一番書きたかった部分で、ここはぜひレガートで歌ってください。終わりのレチタティーヴォは、更に意味を勘ぐることも可能ですが、聞き手の心に謎をかける程度にとどめるのが良いかと思います。

7月　夏休み

　夏が好きではありませんでした。元々活動的な子供ではなかったこと、学校に上がってからは、何もすることがない夏休みをどう使ったらいいか解らなかったのです。幼稚園の頃は出掛けていた家族旅行も、祖母が病を得てからは行われなくなってしまったので……。

　これは初潮を迎えた少女の心情です。このことも少年にとっては神秘でした。そしてプールに入らなくても良い、という身分は、泳げない身にとっては羨ましかったのです。

　ブルースではありますが、あまり官能的に歌わないように、少女が体を揺する感じで。11小節目からはほんの少し軍歌の雰囲気があります。数少ない父の想い出には決まって軍歌があり、それを半ば怖ろしいものとして聞いていたからです。

　コーダの詩は武満 徹先生の合唱曲「風の馬」を思い起こす人もいるでしょう。あれもまた、女性の体の変調を謳っているのです。

8月　線香花火

　古い風習を守っていたわが家は、かなり最近までお盆の火を焚いていました。近所の八百屋でナス、キュウリなどを買い、おがらと称する藁に火をつけて煙を出すと、果たして家の中は掃き清められて、仏壇には煌々と灯りが燈っているのでした……。

　前奏から始まるピアノの音型は、花火の火花を表わします。因みに、夜空に咲く大輪の花火ではなく、手に持って見つめる線香花火や、廻り燈籠といった夏の小道具に対して、半ば畏敬の念を持って眺めていたものです。34小節からの中間部は、挽歌として捉えることが可能ですが、感情の昂まりは38小節のピアノに出るだけです。

　主人公の気持ちは、むしろ次の季節——秋に向いているようです。

9月　銀杏

　作者の、祖母に対する思慕の念が露呈された曲です（実際の逝去は1974年4月27日でした）。

　この曲集は、1983年に作曲した「風にいろをぬりたいな」（高橋睦郎・詩）に比較される可能性が高いのですが、奇しくもこの月の歌は、ほぼ同一の音楽的素材に拠っています。歌曲集には、変化を付けるための激しい曲が必要なのです。

　ト短調は、バッハ及びモーツァルト以降、「死」を暗示する調となりました。それに対して中間部のニ長調は「光」を表わします。この中間部の歌は、作者の古い歌曲で、後にカノンとしても作曲したものを採り込みました。そしてその詩は、石森章太郎ファンクラブに一緒に入っていた、井上正次（筆名：ああまさじ）さんの作であることを、ここに記しておきましょう。今はどうしておいででしょうか。

　主人公の少女は、ここで大人になりますが、当の作者は、還暦を迎えて尚、子供です。

10月　かぐや姫

　夥しい数の本を読んで来ました。中でも神話・伝説の類、伝奇物と呼ばれる古い時代の物語には、胸を躍らせたものです。

　宇宙人であるかぐや姫の物語には、この文を書いている現在、新しい舞台作品としての構想を持っているように、興味を抱き続けて来ました。長じて『トゥーランドット』の物語を知ったとき、同じような冷感症の女性を感じたのです。これも男性にとって、永遠に憧れの対象でしょう。

　ピアノパートは、言わずと知れた「月光ソナタ」の音型です。新作は、聞き手にとって不可解なもの、こうした手法も必要だと考えたためです。歌い手さんはブレスの位置に注意してください。37小節の再現部に向けては、ブレスをしないほうが良いのですが、取る場合はひそやかにどうぞ。

　小さい頃読んだ童話を、折りに触れて読んでみましょう。新しい発見がありますよ！

11月　晩秋の窓辺で

　動物が好きです。昭和30年代はどこの家にも犬や猫がいて、祖母がやって来る彼らに餌を与えていたのを思い出します。

　編み物も好きです。一本の毛糸が次第に面になり、服になっていく魔法は、見ていて飽きないものでした。

そして何より、晩秋が好きです。木枯しの吹く都会の道を歩くのも、遠い山の雪を見乍ら温かい紅茶を飲むのも……決して珈琲(コーヒー)ではありません。それは意志を奮い立たせるために飲むものです。

レチタティーヴォはセッコ（チェンバロ伴奏）なので、自由に緩急を付けて歌ってください。全体的にバロック音楽の雰囲気があり、後半のイ長調部分の伴奏は編み物の描写です。また、意図的に20代前半の作「白い妖精」からの引用がありますが、詩に同じ句(フレーズ)を認めたためです。

最も幸福感に溢れた曲の筈ですが。

12月　クリスマス

ずっと12月24日の夜に、神さまが生れたのだと思って来ました……。

冒頭は勿論モーツァルト（改め、ド・フリース）の子守唄ですが、これまた聞く人に親近感を持っていただくためです。ヘ長調は子守唄に最適の調で、主人公の少女は、母親からの歌を回想しています（やがてそれが生まれて来る子へ歌う、自らの子守唄となって欲しいものです）。少女は、理性では理解していても、感覚的に弟や妹が誕生することを善(よ)しとしていません。それは、自分が両親から寵愛されなくなるからです。

お客さまには、生まれて来る子供が神さまだと思わせて、それが実際の子供であることで肩すかしを喰わせてください。2番の「先生」というのは医者のことですね。

伴奏部に「ビリティスの唄」の子守唄と接近した音型が現われます。

作者が親しくさせていただいている、松島家令嬢、空さんに弟が生まれたのを記念して作曲しました。一番愛している曲です。

この歌曲集の初演データは、作品が小品であるため詳(つまび)らかではない。
知り得ることは、1月・3月・7月・9月の歌が前澤悦子、2月の歌が杉野麻美、10月の歌が三崎今日子だということのみである。以上のピアノは全て作曲者。

少女の季節
Les Saisons de la Fillette

青島広志／詩・絵

ひとつ 大人になったんですよ——と
棚の姉さま人形 そう言った

【一月】元旦の夜

きれいな晴れ着も 脱ぎました
きつめのおたいこ 解きました
木綿の敷布の お布団に
ひんやり冷たい 蹠(あしのうら)
稲穂(いなほ)のかんざし 取りました
紅(べに)やおしろい 拭きました
夕べは聞こえた 鐘の音
今夜はとっても 静かです

一年一回 バレンタイン
誰もいない朝早く
好きな人の縦笛に
そっと 唇当ててみる

一年一回 今日こそは
好きな人の下駄箱に
そっと入れるの チョコレート
けれど 名前は書かないの

一年一回 寒い朝
早く起きましょ 今朝だけは
他(ほか)の人の来ぬ内(うち)に
そっと 教室抜け出すの

春三月 ある日
青虫から蝶々さんは
蝶になって
淡い日ざしの中を飛ぶ
でもわたしは 知っている
蝶々さんがすぐに 裏切られることを
そして 自分で命を絶つということを

待っていてはだめ！
死んでしまってはだめ！
好きな人を 追いかけて行かなくてはだめ！

【三月】
三月　蝶々

春三月　誰が
花の中に蝶々さんを
見たでしょう？
誰もどなたも見やしない
でもわたしは　知っている
蝶々さんがずっと
待っていたことを
そしてピンカートンが
帰ってくることを

春が来ると
なぜかしら 背伸びがしたくなる
丘の上の校舎から 駆け降りて来たくなる
スイートピーはピンク ホトケノザは紫
そこにもここにも 赤・青・黄色
春は花束作るの あなたのために

春になると
なぜかしら 妹が欲しくなる
子供子供した顔で 手を繋いでやってくる
あの子はみつ編み あの人はお下げ髪
あの子とこの子と 花一匁(もんめ)
春は手紙を書きましょう あなたに宛てて

〔四月〕新学期

もしかして今
目の前をかすめたのは
あの雛たちの一羽かも知れないけど
良くわからない
飛べるようになって良かったね
大空を自由に飛んで 来年は戻って来てね
そして 南の国の話を聞かせて！

【五月】

軒場のつばめ

軒場につばめがスイスイスイ
見てると何かを運んでく
藁や紙くずビニール その他いろいろ
忙しそうに飛び回りながら
だんだん巣の形が出来てゆく
明日はそこで卵を生めるでしょう

軒場のつばめの巣がムクムク
見てると可愛い雛が七匹
咽喉も赤くないし毛も生えてない
母さんつばめは虫を捕まえ
子供の大きな嘴に押し込む
沢山食べて早く大きくなって！

……だってどうして 居ないのよ
屋根の上には 毎晩烏も
来てるのに……
もしかして 食べられたの？
犯人は誰？ 猫それとも鼠
落っこちゃったか
拾われちゃったか……

雨の降る日は お料理日和
買っておいたキャベツを刻み
サラダを造ろう ドレッシングかけて
……何か光るものがある！
長いマントの足の跡が……
蛞蝓入りの野菜サラダなんて
食べられやしない

雨の降る日に レインコートなしで
お使いに出掛けたら
お寺の築地の軒の下
一本の茸を見つけた
わたしに生えた黴は
この子供かもしれない

【六月】

黴(かび)

パンに黴が生えた日に
わたしのどこかに黴が生えた
パンなら食べなくてもいいが
人の場合は何としよう?

雨の降る日は 天気が悪い
しまっておいたレインコート
今年初めてのレインコート
……何か動くものがある!
八本の足を動かしてる……
蜘蛛(くも)が着ているレインコートなんて
着られやしない

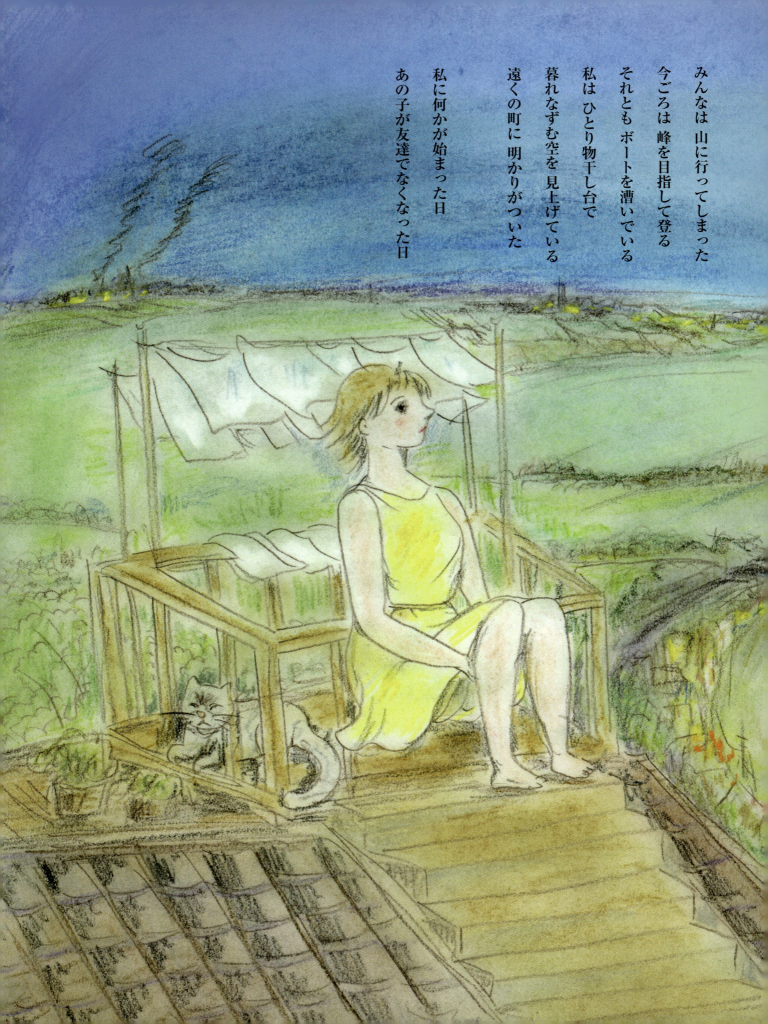

みんなは 山に行ってしまった
今ごろは 峰を目指して登る
それとも ボートを漕いでいる
私は ひとり物干し台で
暮れなずむ空を 見上げている
遠くの町に 明かりがついた
私に何かが始まった日
あの子が友達でなくなった日

【七月】
夏休み

みんなは 海に行ってしまった
今ごろは 波とたわむれている
それとも スイカを 割っている
私は ひとり部屋にいて
明かりを消して うずくまってる
吹き込んでくる風が 生ぬるい

柳の綿が飛び去っても
柳の葉っぱの花火がある
わたしは玉を落とさぬように
じっとしてる
いつか松葉は 柳となって
流星のように降り注ぐ
生きている内に
宇宙に行けるだろうか？

今年の夏は暑かった
蟬が 目の前で木から落ちて転がった
今年の夏は 雨が降らなかった
日向葵が立ったまま
しおれて枯れていた
線香花火のおしまいは
名残の菊の花の形
紅茶に氷を入れたくなくなる
いつまた 夏が来るのかな

【八月】
線香花火

松葉牡丹の花が散ったら
松葉牡丹の花火を焚こう
わたしはバケツに水を汲んで
燐寸(マッチ)を擦る
牡丹の花が じゅくじゅく咲いて
まるでお盆の提灯のよう
死んでしまった人が
帰ってくるのだろうか？

銀杏 銀杏
透き通って光れ
三角形に光れ
透かして見せてあの子の心
銀杏 銀杏
透き通って光れ
……と お祖母さまは歌ってくれた
お庭の銀杏が
さくらんぼみたいに落ちた朝
わたしは ピンクのドレスを
そっとしまった

【九月】
銀杏(ぎんなん)
お庭の銀杏が
雨のように降った夜
お祖母(ばぁ)さまは 亡くなった

竹の中はなぜかなつかしい匂いがする
もしかしたら
あそこに わたしの寝台（ベッド）があるかしら
今年みたいに 竹がスクスク伸びて
わたしを包み隠すかもしれない

でも誰も来ない
大納言も中納言も右大臣も
誰もわたしに気付かない
わたしは一人
龍の珠（たま）も火鼠（ひねずみ）の皮衣（かわごろも）も
燕の子安貝（こやすがい）さえも
何もわたしに届かない
月が細くなると 子供の頃の童話を
なぜか わたしは忘れてしまう

［十月］
かぐや姫

月を見るとなぜか 涙が溢れてくる
もしかしたら
あそこは わたしの故郷かもしれない
今夜みたいに月が大きくなって
わたしを迎えに来るかもしれない

季節は巡り 秋が深まり
そしてまた冬がやって来る
それが何だか楽しい！
深まる秋の窓辺で 編物に精出す
霜が降りる前に 出来るだろうか
まるで去年と同じみたいだ……
ストーブを点けた部屋で
隣りの犬を見ながら
猫を抱いて本を読んでる
──何十年先も同じかな？

【十一月】晩秋の窓辺で

風が冷たくなるとうちの猫は丸くなる
心なしか 毛も増えて太ったみたい
枯葉が落ちる朝に 隣りの犬は嬉しそう
夏の間は 舌出して寝そべってたのに
残りのカレンダーは あとたった二枚
襟(えり)巻きも出さなけりゃ 合わせの着物も
遠くの山並には 白いものが少しずつ
昨日(きのう)までは 紅葉(こうよう)で赤かったのに

プレゼントは何かしら
オルゴール それとも
着せ替え人形
明日(あす)の朝が待ち遠しい
クリスマスの夜

男の子? 女の子?
かわいい子だといいけれど
ふたごだったらどうしよう……
プレゼントは何にしよう
リボン それとも
クマのぬいぐるみ
明日の朝が待ち遠しい
クリスマスの夜

ママは起きている
パパも起きている
医者(せんせい)も起きている
けれどわたしはベッドの中で
生れてくる子のことを考えている

[十二月] クリスマス

犬も寝ている
猫も寝ている
羊も寝ている
けれどわたしは起きていて
神様のことを考えている

どんな顔？どんな髭(ひげ)？
どんな声？どんな人？
やさしい人だといいけれど……

あとがき

　この「あとがき」を認めている今日、私は還暦を迎えました。それ程の能力も持たないのに、18歳で師の林 光に連れられてオペラ界に身を投じてから、既に42年が経過したわけで、この業界の懐の広さに感じ入っている次第です。

　私の全ての仕事は、大勢の協力者によって成り立っているのですが、この度もまず**学研パブリッシングの栗原きよみ**さんに、多大なご厚情を受けました。これほどまでに当方の意を汲み、適確な書籍作りをしてくださる方は、他に例を見ません。また、永年（といってもいいと思います）私の絵をこれまた美しくデザインしてくださる、**クリエイティブ・ノアの斎藤 肇**さんと**カトリーヌ・ルビン**さんにも、お礼を申し上げます。

　ひとつお伝えしておきたいのは、画材と技法のことです。ここで初めてパステル（少女の季節）と、白黒反転（ビリティスの唄）の技法を用いました。扱い難く、前者ではラ・トゥール、ルドンらの苦労と見事さに改めて感じ入りました。後者では想像力を鍛えられることになりました。どのような効果が出るかは、見てのお楽しみということになるでしょう。

　しかし、これ程までに美しく、愛蔵・愛用されるべき曲集が出版されるのは、作者冥利に尽きることです。その昔「山田耕筰全集」が梅原龍三郎装丁で第一法規から出版された、その上を行くものです。

　楽譜の部分は、これまた永年のパートナーだった**安藤伸二**さんの浄書です。音楽家である利を活かして、最高の楽譜作りをしてくださいました。コンピューターによって、ここまで手書きの雰囲気を伝えられるとは驚くばかりです。他にもとても記しきれませんが、この曲の出版を心待ちにしてくださった声楽家の方々に対しても、身に余る光栄と感じています。

　どうか、これからの私の途く末をお見守りください。

　　　　　　　　　　　　　　　　　　　　　　　　2015年3月31日　青島 広志

作曲作品一覧

【声楽曲】

5つの童謡　　詩:青島広志／1968年／Vo. Pf.
あばずれ女の亭主がうたった　詩:中原中也／1971年／Bar. Pf.
モテット「カンターテ・ドミノ」　1971年／Sop. Bar. Pf. またはOrg.
万葉集による4つの小品　1972年／Sop. Pf.
ぼくらの海賊船　詩:不詳／1974年／Vo. Pf.
風のうたった歌　詩:立原道造／1974年／Vo. Pf.
別離　詩:中原中也／1974年／Sop. Pf.
猫　詩:萩原朔太郎／1975年／Alt. Vn. Pf.
防人歌/万葉集による　1976-1981年／Bar. Pf.
コンサート用アリア「白い妖精」　1977年／Sop. Pf.
マザーグースの歌　訳:谷川俊太郎／1977年／Vo. Fl. Vn. Vc. Pf.
歌曲集「生命の詩」　詩:武田セツ／1978年／Sop. Pf.
幻影(まぼろし)を見た人II　訳:金関寿夫／1978年／Sop. Pf. Perc.
心の旅　竹田/新・心の旅　竹田　詩:橋本 淳／1979年／Vo. Pf.
劇的カンタータ「パンとシュリンクス」
　　詩:青島広志／1981年／Sop. Fl. Pf.
「ジョニーよヴァイオリンをとれ」のための追補と編曲
　　詩:青島広志／1981年／Vo. Small-ens.
防人歌　1981年／Sop. Pf.
Hush a Bye　詩:青島広志／1982年／Vo. Pf.
歌曲集「風にいろをぬりたいな」　詩:高橋睦郎／1983年／Vo. Pf.
「セビリャの理髪師」のための叙唱
　　訳:鈴木松子／1983年／Vo. Cemb.
枕草子　詩:清少納言／1974-1983年／Sop. Cho. Fl. Pf.
歌曲集「わたしは魔女」　詩:尾崎瑳暎子／1984年／Sop. Pf.
二つの短歌　詩:不詳／1984年／Sop. Pf.
港のブルース　詩:寺山修司／1984年／Vo. Rec-ens. Guit.
あたしはビーナス　詩:加藤 直／1986年／Sop. Small-ens. Pf.
モノドラマ「船の挨拶」　詩:三島由紀夫／1986年／Bar. Pf. Tape
歌え! 夢の船　詩:加藤 直／1986年／Vo. Pf.またはCho. Pf.
白鳩のうた　詩:青島広志／1986年／Vo. Pf. Org.
マリー・ローランサンによる歌曲集「不眠症・夜・鎮静剤」
　　訳:堀口大學／1989年／Sop. Pf
鐘王女の詠える歌　1995年／Sop. Pf.
三つの短歌　1996年／Alt. Pf.
英語のやさしい歌　1997年／Vo. Small-ens.
ウィリアム・ブレイクの詩による4つの歌
　　訳:松島 正／1997-1998年／Alt. Pf.
林望の詩による2つの歌　詩:林望／2000年／Sop.またはTen. Pf.
30のヴォーカリーズ　1988-2003年／Vo. Pf.
ビッテの歌・ダンケの歌　詩:青島広志／2003年／Vo. Pf. Str.五重奏
朝・ぼくらにある住家　詩:長田 弘／2004年／Bar. Pf.
あるとき 私は　詩:田村セツコ／2004年／Sop. Pf.
歌曲集「ビリティスの唄」　詩:ピエール・ルイス
　　訳:吉原幸子／1984-2005年／Sop. Pf.
世界は音でいっぱいだ!　詩:くどう なおこ／2006年／
　　Vo. Pf.　*Orch.版あり
少女の季節　詩:青島広志／2007〜2013年／Sop. Pf.

【オペラ(オペレッタ)、ミュージカル、音楽劇】

ミュージカル「11ぴきのネコ」　詩:井上ひさし／1971年
オペラ「黄金の国」　原作:遠藤周作／1977-1981年
オペラ「火の鳥 黎明篇」　原作:手塚治虫／1982年
オペラ「たそがれは逢魔の時間」　原作:大島弓子／1983年
オペラ「黒蜥蜴」　原作:江戸川乱歩　台本:三島由紀夫／1984年
オペラ「火の鳥 ヤマト篇」　原作:手塚治虫　台本:加藤 直／1985年
オペレッタ「夜だけまほう使い」　台本:鈴木悦夫／1988年
オペラ「龍の雨」　台本:青島広志／1988年
ミュージカル「マスク・プレイ・シンデレラ」　1989年
オペレッタ「海賊船長の子守歌」　台本:鈴木悦夫／1989年
オペラ「いたくおかしな恋物語」　原作:ジョヴァンニ・ボッカチオ／1991年
オペレッタ「もも・はな・かぐ・さか物語」　台本:東 龍男／1992年
こどものためのオペラ「ミミー・みっつ」　原作:矢代まさこ／1992年
ミュージカル「スサノオ」　台本:杉山義法／1994年
オペレッタ「ハロー!ドラキュラ」　台本:八木瑞穂／1996年
オペレッタ「雪わたり」　原作:宮澤賢治　台本:河内 紀／1997年
ミュージカル「桃太郎」　台本:青島広志／1998年
オペレッタ「みならい天使」　台本:青島広志／2002年
オペラ「火の鳥 羽衣篇」　原作:手塚治虫／2003年
須賀原洋行の4コマ漫画による掌編オペラ「非存在病理学入門」
　　原作:須賀原／2000-2004年
音楽劇「ペール・ギュントの冒険」　台本:青島広志／2007年
音楽劇「蝶々さん 海をわたる」　台本:青島広志／2008年
音楽劇「青い鳥はどこにいる?」　台本:青島広志／2009年
音楽劇「幸福な王子」　台本:青島広志／2010年
音楽劇「ファウスト君 がんばってね!」　台本:青島広志／2011年
音楽劇「大好き!ドラキュラ君」　台本:青島広志／2012年
音楽劇「しあわせなシンデレラ」　台本:青島広志／2013年

※この歌曲集に先んじる歌曲集が、株式会社 東京ハッスルコピーから出版されています。

青島広志（あおしま ひろし）

1955年東京生まれ。東京藝術大学および大学院修士課程を首席で修了。オペラ「黄金の国」（原作：遠藤周作）、「火の鳥」（原作：手塚治虫）、「黒蜥蜴」（原作：三島由紀夫）、管弦楽曲「その後のピーターと狼」、合唱曲「マザーグースの歌」、ミュージカル「11ぴきのネコ」など、その作品は200曲を超える。ピアニスト、指揮者としての活動も40年を超え、最近ではコンサートやイベントのプロデュースも数多くこなしている。テレビ朝日「題名のない音楽会」アドバイザー、日本テレビ「世界一受けたい授業」、NHKラジオ「高校音楽講座」やTBSラジオ「こども電話相談室」など、テレビやラジオでも活躍中。著書に『モーツァルトに会いたくて』『青島広志でございます！』『楽器のおはなし』『ヨーロッパの忘れもの』『ブルーアイランド版 音楽辞典』（以上、学研パブリッシング）、『うたって きいて』（全音楽譜出版社）、『やさしくわかる楽典』（日本実業出版社）、『作曲ノススメ』（音楽之友社）、『名作オペラシリーズ』（全65巻／ディアゴスティーニ）など多数。東京藝術大学、都留文科大学講師。洗足音楽大学客員教授。日本現代音楽協会、作曲家協議会、東京室内歌劇場会員。

ビリティスの唄／少女の季節

作曲・文・イラスト ─ 青島広志	発行年月日 ─ 2015年5月15日
装丁・レイアウト ─ 株式会社 クリエイティブ・ノア 斎藤肇	発行人 ─ 鈴木昌子
楽譜浄書 ─ 安藤伸二	編集人 ─ 松村広行
	統括編集長 ─ 栗原きよみ
	発売元 ─ 株式会社 学研パブリッシング
	〒141-8412 東京都品川区西五反田2-11-8
	発売元 ─ 株式会社 学研マーケティング
	〒141-8415 東京都品川区西五反田2-11-8

© 2015 Hiroshi Aoshima/Gakken Publishing Co., Ltd. Printed in Japan
本書の無断転載、複製、複写（コピー）、翻訳を禁じます。
日本音楽著作権協会（出）許諾第1503999-501号
(許諾番号の対象は、当該出版物中、当協会が許諾することのできる著作物に限られます。)

本書を代行業者等の第三者に依頼してスキャンやデジタル化することは、たとえ個人や家庭内の利用であっても、著作権法上、認められておりません。

学研の商品についての新刊情報・詳細情報は、下記をご覧ください。
学研おんがく.net（楽譜）http://gakken-publishing.jp/ongaku/
学研出版サイト（書籍・雑誌）http://hon.gakken.jp/

この楽譜に関する各種お問い合わせ先
【電話の場合】
●編集内容については Tel. 03-6431-1221（編集部直通）
●在庫、不良品（落丁、乱丁）については、Tel. 03-6431-1220（販売部直通）
【文書の場合】〒141-8418 東京都品川区西五反田2-11-8
学研お客様センター『ビリティスの唄／少女の季節』係

皆様へお願い

楽譜や歌詞・音楽書などの出版物を権利者に無断で複製（コピー）することは、著作権の侵害にあたり、著作権法により罰せられます。

また出版物からの不法コピーが行われますと、出版社は正常な出版活動が困難となり、ついには皆様方が必要とされるものも出版できなくなります。

音楽出版社と日本音楽著作権協会（JASRAC）は、著作者の権利を守り、なおいっそう優れた作品の出版普及に全力をあげて努力してまいります。どうか不法コピーの防止に、皆様方のご協力をお願い申しあげます。

株式会社 学研パブリッシング
一般社団法人 日本音楽著作権協会（JASRAC）